LÉGENDES

DU

MOYEN AGE

ÉDITION PRINCEPS ELZÉVIR

LE MANOIR

LÉGENDES

DU

MOYEN AGE

PAR LE MARQUIS

EUGÈNE DE LONLAY

ÉDITION PRINCEPS ELZÉVIR

PARIS

E. DENTU, LIBRAIRE-ÉDITEUR

PALAIS-ROYAL, 17-19, GALERIE D'ORLÉANS

MDCCCLXXII

LE DRAGON

LÉGENDE DU CHATEAU DE DOMFRONT

ORGUEILLEUX à bon droit, le château de Domfront,
Quoique découronné, lève encore le front,
Et fièrement s'oppose à l'essor des orages.
Témoin de la valeur de nos preux chevaliers,
Et riche en souvenirs de leurs exploits guerriers,
Du moyen âge il eut les plus illustres pages.

I.

Dans ce site escarpé que domine un plateau,
Renfermant dans son sein le glorieux tombeau
De héros qu'engendra l'amour de la patrie,
Guillaume de Talvas fit construire autrefois
Ce castel imprenable et qui mit aux abois
Tant d'ennemis ligués contre la Normandie.

Presque en face de lui, le regard ébloui
Par un vaste horizon, dont il est réjoui,
Admire la beauté d'un paysage immense.
C'est là, dans les rochers jusqu'au ciel entassés,
Sous d'épais églantiers aux buissons enlacés,
Qu'un dragon repoussant avait sa résidence.

Ce géant monstrueux, objet d'un juste effroi,
Même au cœur d'une armée eût fait trembler le roi,
Tant ses membres étaient dangereux et difformes.
De ses yeux menaçants jaillissaient des éclairs,
Et dès qu'on l'approchait, il lançait dans les airs
Un océan de feu par ses naseaux énormes.

Pour calmer les fureurs de l'exigeant dragon
Chaque jour humblement on lui faisait, dit-on,
D'une jeune beauté la séduisante offrande.
On la tirait au sort, et personne n'était
Exempt de cet impôt, qu'en tremblant prélevait
La superstition sur la race normande.

Guillaume de Talvas avait pour seule enfant
Une adorable fille, et toujours triomphant,
En faisait son orgueil et sa plus douce joie.
Mais de l'urne fatale aussi son nom sortit;
Elle fut désignée au vorace appétit
Du dragon affamé de si friande proie.

La malheureuse prit des vêtements de deuil,
Et de son beau domaine ayant franchi le seuil
Au supplice marchait, par le peuple escortée,
Quand un noble vieillard, à l'air bon, mais altier,
Arrête le cortége au détour du sentier,
Et de la vierge en pleurs se met à la portée.

Partageant sa douleur et son cruel souci,
L'inconnu lui demande : « Où marchez-vous ainsi,
Pâle et si désolée? — A la mort, répond-elle...
— Non, vous ne mourrez point, reprit-il doucement. »
Le sire de Talvas, frappé d'étonnement,
Sent son cœur se remplir d'une force nouvelle.

« Ah ! qui que vous soyez, si vous pouvez sauver
Ma fille, lui dit-il, je saurai vous prouver
Mon culte en vous donnant tout ce que je possède;
Je serai désormais votre humble serviteur.
— Non, pas le mien, répond le saint avec ferveur,
Mais celui du vrai Dieu, que pour vous j'intercède.

S'étant mis à genoux, l'ermite étend la croix
Qu'il tenait à la main, et d'une forte voix
Il invoque l'appui de son souverain maître
D'un air majestueux et d'un ton solennel,
Adjure le dragon, au nom de l'Éternel,
De sortir de son antre et pour en disparaître.

Au même instant rugit l'animal irrité
Qui s'envola, mais fut du ciel précipité
Dans l'eau de la Varenne, où depuis il se cache.
Les flots, comme une trombe au souffle des autans,
Tout à coup soulevés, bouillonnèrent longtemps,
Et du sang du démon conservèrent la tache.

Les assistants, touchés de ce qu'ils avaient vu,
Tombèrent aux genoux du puissant inconnu
Qui daignait les sauver du dragon redoutable.
Celui ci leur parla du Dieu qu'il adorait,
Et peu de temps après il les régénérait
Dans le christianisme, à la foi secourable.

Pour rappeler ce fait, on ne peut s'étonner
Que Talvas, converti, s'empressât de donner
Le nom du cénobite à sa ville naissante;
Et depuis cette époque elle a gardé le nom
De son libérateur, qui s'appelait *Dom Front*,
Et se montre envers lui toujours reconnaissante.

LE FÉ

Un Fé s'était épris de la femme d'un pâtre,
Et d'un amour si vif que les jours et les nuits
Il venait sous son toit et restait près de l'âtre,
Sans cesse à soupirer ses langoureux ennuis.

Mais de ses soins la belle, étant très peu flattée,
Finit par prévenir son mari, qui voulut
Se venger du lutin qui l'avait fréquentée
Et dont chez lui l'odeur en rentrant lui déplut.

L'époux était malin et d'une astuce extrême;
Il conseille à sa femme, aussitôt qu'il viendrait,
De révéler au Fé qu'il s'appelait *Moi-même*.
La jeune femme fit ce qu'on lui demandait.

Le lendemain, le Fé vient comme de coutume,
Et s'apprête à s'asseoir sur le même escabeau,
Tandis que le mari, revêtu du costume
De sa moitié, tournait assez mal le fuseau.

D'un cœur vraiment épris rarement on abuse.
— Mais où donc est la belle *atouroulant* à point ?
Demande l'amoureux qui découvre la ruse;
Car toi, tout en tournant, tu n'*atouroules* point.

Pourtant, le Fé, malgré l'absence de sa belle,
Ayant conçu l'espoir de la voir revenir,
S'assied sur l'escabeau. Mais la douleur réelle
Qu'il ressent tout à coup le fait crier et fuir.

Il gémit, mais si fort et de telle manière,
Qu'il fait partir les chats et les chauves-souris;
Que de tous les côtés, autour de la chaumière,
Des essaims de lutins arrivent à ses cris...

Et de la cheminée, où leur troupe se sème,
Demandent ce qu'il a. Je brûle et je le sens.
Mais qui donc t'a roussi ? C'est, reprend-il, *Moi-même*.
Et ses gais compagnons rirent à ses dépens.

Qu'était-il arrivé ? Que le pâtre perfide
A blanc avait chauffé sa galetière au feu
Et l'avait mise ensuite où le lutin timide
Venait s'asseoir, auprès de sa femme à l'œil bleu.

Dans sa barbe il riait, car grâce au stratagème
Dont il s'était servi, si je ne suis trompé,
En faisant croire au Fé qu'il se nommait *Moi-même*,
Aux fureurs des lutins il avait échappé.

LE FEU FOLLET

Au milieu d'un bassin, clair comme une rivière,
Se trouve un castel sombre et dont il me souvient,
Qu'à prix d'or fit construire Isabeau de Bavière,
Où durant les chaleurs un fantôme revient.
On raconte qu'un soir, la trop frivole Jeanne,
Au lieu d'aller ouïr la messe de minuit,
Éprise d'un plaisir que l'Église condamne,
Sans songer à prier dansa toute la nuit.
Mais en voulant franchir l'étroite passerelle
Qui conduit de la cour au parc fort étendu,
Jeanne glisse, et cette eau, qui bouillonne sur elle,
S'empare de son corps et ne l'a point rendu.
Au ciel, Dieu ne veut pas laisser rentrer son âme ;
Changée en feu follet, près des marais aqueux,
On la voit, chaque nuit, poursuivre de sa flamme
Les passants attardés, pour valser avec eux.

LA FOSSE A LA FEMME

LÉGENDE DE LA FORÊT D'ÉCOUVES

S ous le règne du duc Robert de Normandie,
  Non loin de la forêt chaque année agrandie
    Et qui verdoie aux alentours,
  Le comte Herbert trônait dans le castel d'Écouves,
Flanqué de pont-levis, entouré de trois douves
    Et défendu par quatre tours.

Pour fille il possédait Alice la charmante,
  Dont les attraits, à moins que l'histoire ne mente,
    Jetaient un éclat surhumain.
  Et plus d'un prétendant qu'aucun refus ne lasse,
Séduit par son esprit autant que par sa grâce,
    Briguait sa fortune et sa main.

Mais entre tous, Guillaume, un cavalier modèle,
Sire de Médavy, fut distingué par elle
        Et payé d'un tendre retour.
Il portait un grand nom et s'était fait connaître
Par de vaillants exploits ; sans doute il devait être
        Le plus digne de son amour.

Pour protéger le faible, il guerroyait sans cesse
Contre Ulric de Cuissai, dont l'unique prouesse
        Était de guider les larrons ;
Ne vivant que d'affreux et d'incessants pillages,
Il était devenu, par tous ses brigandages,
        L'effroi constant des environs.

Mais Ulric, enflammé par la beauté d'Alice,
Avait juré, les mains en croix sur un calice,
        Qu'à lui seul elle appartiendrait.
Pourtant, le comte Herbert, en père de famille,
Sans effort avait fait la promesse à sa fille
        Qu'à Guillaume elle s'unirait.

Les cloches un matin ébranlent les murailles,
Car c'est l'heure où le ciel ajoute aux fiançailles
        Un acte encor plus solennel.
Alice, tout en blanc, prend le bras de son père,
Qui de s'en séparer, quoiqu'il se désespère,
        Cependant la mène à l'autel.

Tout à coup effrayée, Alice fond en larmes :
Un galop de chevaux, le cliquetis des armes
    Frappent son oreille et son cœur.
Le pont-levis s'abaisse, et des rumeurs bruyantes,
De nombreux estafiers, aux mines provoquantes,
    Pénètrent dans la cour d'honneur.

Au seuil de la chapelle où le couple palpite,
Une dague à la main, Ulric se précipite,
    Ivre de son cruel dessein.
Aveuglé par l'espoir qu'affole sa vengeance,
Comme un tigre, d'un bond, sur Guillaume il s'élance
    Et lâchement le frappe au sein.

Ulric inassouvi, dans ses bras nerveux serre
La jeune fille qui, bouillante de colère,
    Le repousse énergiquement.
« Expire aussi, dit-il, sous ma dague édentée!... »
Sur le corps de Guillaume, Alice ensanglantée,
    Meurt, tombe, et l'étreint tendrement.

Le crime consommé, le monstre à ses gens d'armes
Ordonne d'enfouir sans prières, sans larmes,
    Les corps des jeunes fiancés.
« Saisissez ce vieillard et chargez-le de chaînes,
« Dit-il; le comte Herbert doit, aux saisons prochaines,
    « Être au nombre des trépassés. »

Un an s'est écoulé, la nuit naît froide et sombre,
Ulric avec les siens, pour marauder dans l'ombre,
    Chemine au fond de la forêt.
Tout à coup, d'une fosse une mobile flamme
S'avance en grandissant, prend l'aspect d'une femme
    Et devant lui fait un arrêt.

« A moi ! s'écrie Ulric d'une voix étouffée. »
Dans ce fantôme errant croyant voir une fée,
    Ses gens accourent des halliers.
A leur rapière ils font en vain faire la roue,
De leurs cris de fureur le spectre qui se joue,
    Se mire dans leurs boucliers.

Tôt ou tard, aux remords personne ne résiste :
Ulric, ému, rentra silencieux et triste,
    Le front baissé, dans son manoir.
Toute la nuit on vit, aux faîtes des tourelles,
En cercle voltiger, des chauves-souris frêles,
    Le cortége sinistre et noir.

Quand l'aube se leva, dès le lendemain même,
En entrant dans sa chambre, on trouva son corps blême
    Dont la vie avait déjà fui.
Et sur un parchemin, avec du sang tracée,
On lut son épitaphe, à présent effacée :
    « Ulric n'est plus, priez pour lui. »

LE MIRACLE DES ROSES

LÉGENDE DE SAINTE ÉLISABETH

Pour soulager misère et peine,
    Loin des varlets,
Au point du jour, la jeune reine
    Fuit le palais.
Un courtisan, pris d'un faux zèle,
    Vient dire au roi :
La reine, sire, est infidèle
    A votre loi ;
Elle enfreint votre ordre suprême ;
    Aux indigents,
Dès l'aube, elle porte elle-même
    Des aliments.

2.

Le roi, surpris de ce langage,
    Sur son chemin
Vient se poster, et plein de rage
    Paraît soudain.
Il dit, s'adressant à la reine :
    Quand vient le jour,
Je veux savoir qui vous entraîne
    Loin de ma cour.
Oui, par mon sceptre et ma couronne,
    Moi, votre époux,
De m'obéir je vous ordonne :
    Répondrez-vous?

Élisabeth, pâle, craintive,
    Ne répond pas;
Le roi la presse, et sa main vive
    Meurtrit son bras.
Pour elle un miracle s'opère :
    Le Ciel soudain,
En roses qui jonchent la terre
    Change le pain.
Le roi, confus, en croit à peine
    Alors ses yeux;
Courbe le front devant la reine,
    Ange des cieux!

LA REINE DES ELFES

LÉGENDE DU CHATEAU DE SAINT-CHRISTOPHE

ET élégant château, dont le toit se dessine
Sur ces faux ébéniers et ces pins orgueilleux,
Se nomme Saint-Christophe, et sa noble origine
Date du moyen âge aux récits merveilleux.

Ce castel fut jadis le séjour d'une fée
Dont le pays conserve encor le souvenir,
Et dès que la terre est par la brume étouffée,
On voit, au bord des eaux, son ombre revenir.

Cette nymphe attrayante, aussi tendre que belle,
Aimait un ménestrel qui mourut dans ses bras,
Et depuis cette époque, ainsi qu'une mortelle,
Elle n'a point cessé de pleurer son trépas.

Sans être un seul instant dans les airs reposée,
De sa robe flottante elle frôle les fleurs,
Et répand dans leur sein la féconde rosée,
Qu'on prend pour de la pluie et qui n'est que ses pleurs.

Quand l'été livre au ciel ses nocturnes arômes
Au prisme de la lune, illuminant les bois,
Des marais il s'élève un essaim de fantômes
Qui souvent la pourchasse et la met aux abois.

L'aube dans ses flots d'or, en la noyant, efface
Cette apparition à l'essor triomphant,
Que charmé je contemple et poursuis dans l'espace,
Et qui fit mon bonheur, lorsque j'étais enfant.

LE MANOIR

LÉGENDE NORMANDE

NTOURÉ d'un marais dont les roseaux soupirent,
Gancs avec orgueil élève ses débris,
Et du soleil couchant dès que les feux expirent.
De cet endroit suspect, au ciel montent des cris.

Ce manoir féodal, dont la base est minée,
Résiste fièrement aux siècles destructeurs ;
Par le mont du *Gibet* sa droite dominée
Accuse à l'œil surpris des restes de splendeurs.

Le nom de ce beau fief de *Ganea* dérive
Et veut dire, en latin, repaire de coquins ;
C'est là que dans leur rage honteuse et destructive,
Les chevaliers félons pendaient les pèlerins.

On croit que ce château, dont il ne reste guères
Que quelques murs épars, fut de tout temps hanté,
Et qu'on y voit la nuit, revêtus de leurs suaires,
Douze fantômes blancs s'y promener l'été.

Non loin de sa chapelle aux nombreuses arcades,
D'une source jadis tourbillonnaient les eaux,
Dont les flots bienfaisants attiraient les malades,
Certains d'y soulager et d'y guérir leurs maux.

Quand la croyance encore habitait nos rivages,
Le peuple vers ce site accourait empressé ;
C'était le but fréquent de ses pèlerinages,
Qui paraissent avoir complètement cessé.

Cette eau miraculeuse, on ne sait d'où venue,
Et dont se trouvaient bien tous les êtres perclus,
Des sceptiques railleurs se voyant méconnue,
Soudain rentra sous terre et ne reparut plus.

On suppose en ce lieu fréquenté par les fouines,
Qu'un trésor est caché. Deux habitants, séduits
Par l'appât de l'argent, fouillèrent ces ruines,
Mais leurs labeurs du jour la nuit étaient détruits.

Ils reprirent le soir leur ouvrage stérile
Et dormirent le jour; l'inverse eut lieu pour eux,
Jusqu'à ce que, lassés d'un travail inutile,
Ils tournèrent ailleurs leurs efforts et leurs vœux.

Un Anglais, possesseur d'un parchemin gothique
Indiquant ce trésor, espérait l'enlever;
Mais l'arbre au pied duquel fut mis ce bien unique
Étant mort et détruit, il ne put le trouver.

On assure qu'ici, sous le premier empire,
Se cachait un forçat en rupture de ban;
Je ne l'ose affirmer : mais ce que je puis dire
C'est que la foudre y tombe et plusieurs fois par an.

A l'horizon chargé de mobiles nuages,
Parfois moutonné comme un troupeau du Thibet,
Il apparaît dans l'air d'étranges personnages,
Qui semblent vouloir pendre un ermite au gibet.

LA FILEUSE DE NUIT

LÉGENDE DU PAYS DE CAUX

NE vieille fermière était morte, laissant
Sa fille mariée, et qui devait en messes
Employer les deniers amassés en filant;
La paresseuse avait oublié ses promesses.

La nuit de la Toussaint, tandis qu'elle dormait
Auprès de son enfant à la mine vermeille,
Elle entendit dans l'ombre un rouet qui tournait,
Dont le bruit continu lui fit dresser l'oreille.

— Vois, c'est bonne-maman, dit l'enfant, l'œil ouvert.
Le lendemain matin, la surprise fut grande :
Le rouet, arrêté, fut aperçu couvert
De bobines de fil, nous apprend la légende.

A partir de ce jour, voici ce qu'il advint :
C'est que filant souvent, à l'heure où le jour tombe,
De sa promesse enfin la fille se souvint,
Et sa mère, depuis, en paix dort dans la tombe.

LA BARQUE FANTOME

D E l'étang de Vrigni je connais la légende
Que j'entendis conter par des pâtres normands ;
Elle est intéressante, et je la recommande
A ceux qui sont épris de récits émouvants.

Ce magnifique étang, merveille des merveilles,
Fait l'admiration de tous ses visiteurs ;
Le chevreuil y vient boire, et des essaims d'abeilles
S'abattent sur ses bords enguirlandés de fleurs.

Sans cesse il se revêt de joncs frêles et souples
Qui dressent dans les airs leurs plumets veloutés,
Et les canards plongeurs s'y promènent par couples,
Sans être par la loutre atteints ou déroutés.

On ne saurait trouver de site plus agreste !
Là, le chant des oiseaux, au réveil du printemps,
Que la brise accompagne avec son frais orchestre,
Offre un charme naïf que j'ai goûté longtemps.

Les grands bois de Sacy l'encadrent de verdure
Et lui prêtent l'abri de leurs arbres altiers ;
On y peut, en juillet, des chaleurs qu'on endure
Éviter aisément les rayons meurtriers.

Une barque légère, enchaînée à la rive,
La nuit prend son essor et glisse sur ses eaux ;
Elle navigue seule et dès que l'aube arrive,
D'elle-même elle rentre au milieu des roseaux.

Qui détache et dirige, aux lueurs de la lune,
Ce frêle esquif sans voile ? On ne l'a jamais su.
Pourtant, plus d'un chasseur espérait, à la brune,
Découvrir ce mystère et fut toujours déçu.

Le seigneur de Vrigni, dont la famille éteinte
N'a plus de descendants, était veuf, mais avait
Une fille fort belle et que Mignard a peinte
Si bien, qu'en la voyant le monarque en rêvait.

Elle n'eût à la cour point trouvé de rivale,
Mais elle préférait son foyer familier ;
L'amour avait touché son âme virginale :
Elle allait épouser un brillant chevalier.

Les fiancés coulaient des jours remplis d'ivresse
En attendant l'instant qui devait les unir,
Quand la guerre appela le ban de la noblesse
Et d'où le chevalier ne put point revenir.

En apprenant soudain cette affreuse nouvelle,
Son cœur brisé sentit le deuil voiler ses jours,
Et son front se couvrit d'une pâleur mortelle
Que depuis ce moment elle garda toujours.

Se rappelant le temps de son bonheur mystique,
Qui, quoique près du but devait si peu durer,
Sur les bords de l'étang, seule et mélancolique,
Avec le crépuscule, elle venait errer.

Un soir qu'elle rôdait sans doute sur la rive,
Par les pleurs aveuglée elle glissa dans l'eau ;
Car on ne revit plus, inclinée et pensive,
La pâle jeune fille au balcon du château.

On dit dans le pays, que depuis cette époque,
Sur l'étang de Vrigni son ombre vient souvent,
Et qu'on entend parfois, comme un tendre colloque
Et des soupirs plaintifs qu'on prend pour ceux du vent.

Chaque nuit on croit voir, à la première étoile
Éparpillant dans l'air ses rayons jaillissants,
Voguer dans la pénombre une barque sans voile
Qui sillonne les eaux et les croise en tous sens.

LES SORCIÈRES

DU MONT MARGANTIN

SUR le mont Margantin, percé de fondrières,
Souvent s'est réuni le babillard essaim
Des vieilles du pays, exécrables sorcières,
Qui n'y venaient tramer qu'un coupable dessein.

Leur bruyante assemblée aux voraces ripailles
Préparait un festin et tuait deux taureaux,
Dont on gardait le sang, le cœur et les entrailles,
Afin d'en composer des philtres infernaux.

3.

Sur l'herbe on s'asseyait ; le récipiendaire
S'approchait et jurait de garder le secret ;
Puis, signait de son sang le pacte téméraire,
Et Satan l'admettait pour son humble sujet.

De gui de chêne alors on couronnait sa tête,
Aux débats il était propre à s'associer ;
Comblé d'attentions, chacun lui faisait fête,
Et l'adepte nouveau passait maître sorcier.

Mais les réunions devinrent moins fréquentes
Et même on n'en tint plus qu'une seule par an
Au lever du soleil, mais des plus provocantes :
Le vingt-quatre de juin, le jour de la Saint-Jean.

Un vieil ermite enfin, lassé de ces scandales
Qui se renouvelaient à la face de Dieu,
Quitte sa grotte et prend son bâton, ses sandales,
Et d'un saint vénéré met un os en ce lieu.

Lucifer, irrité de trouver la relique
Où se passaient jadis, pour narguer les élus,
Ses mystères impurs, se renfrogne, se pique,
S'enfuit à tire d'aile et ne reparaît plus.

LA DEMOISELLE DU CHATEAU

LÉGENDE ARGENTANAISE

our s'élever jusqu'à la lune,
Voyez grandir ce fier manoir,
Qui, plus sombre que la nuit brune,
Perce le ciel de son front noir.
Ses ruines sont fréquentées
Par une vierge au voile blanc,
Qui rôde, une quenouille au flanc,
Sur ces murailles édentées.

Elle en fait peu, mais il est beau,
La demoiselle du château.

Dans cette demeure gothique,
Vous pouvez surprendre, la nuit,
Cette ombre étrange et fantastique
Qui se plaît à rôder sans bruit.
Frissonnante comme une mouche,
Elle porte un fuseau léger
Qui tourne et semble voltiger
Aussitôt que son doigt le touche.

Elle en fait peu, mais il est beau,
La demoiselle du château.

Pour guerroyer en Palestine,
Lorsque son fiancé partit,
Plus pâle que la blanche hermine,
Léthyce en soupirant lui dit :
« Mon cœur te restera fidèle,
Et jusqu'à l'heure du trépas,
De mon trousseau filant les draps,
Je veillerai dans ma tourelle. »

Elle en fait peu, mais il est beau,
La demoiselle du château.

Mais, malgré sa cotte de mailles,
Le paladin aventureux
Trouva, sur les champs de batailles,
L'illustre mort digne d'un preux.
Que le soleil meure ou renaisse,
Comme elle en a fait le serment,
Sans s'arrêter même un moment,
Elle file vite et sans cesse.

Elle en fait peu, mais il est beau,
La demoiselle du château.

C'est la plus adroite fileuse
Qui se trouve au pays normand;
Son habileté merveilleuse
Étonnerait un tisserand.
Sa besogne à peine finie,
On dit que, par l'esprit malin,
D'une blonde étoupe de lin,
Sa quenouillette est regarnie.

Elle en fait peu, mais il est beau,
La demoiselle du château.

Il semble qu'elle est à sa tâche,
Car son fuseau toûrne toujours ;
Elle travaille sans relâche,
Les nuits de préférence aux jours.
Quoiqu'enveloppés de mystère,
Sur ces événements passés,
Des siècles se sont entassés,
Sans que leur souvenir s'altère.

Elle en fait peu, mais il beau,
La demoiselle du château.

ÉDITION ELZÉVIR PRINCEPS

Tirée à trois cents exemplaires

$\mathcal{N}^o$ ——————————

IMPRIMÉ A PARIS, CHEZ ALCAN-LÉVY

Rue de Lafayette, 61

LE XX JUIN MDCCCLXXII

TABLE

ŒUVRES COMPLÈTES

du Marquis

EUGÈNE DE LONLAY

Un franc chaque ouvrage, pris séparément

Légendes normandes.
Légendes du Moyen âge.
Légendes de tous les Pays.
Éloge des femmes. 3e édit.
Comme on aime à seize ans.
Bluettes. 4e édit.
Anecdotes piquantes. 2e édit.
Mandolines. 6e édit.
Le Fou des Tuileries.
L'Amour et la Jeunesse .3e édit.
L'Art de plaire. 2e édit
Le Faubourg Saint-Germain.
Poésies intimes
Poésies lyriques.

Légendes merveilleuses.
Argentan et ses environs.
Sonnets et Rondeaux.
Le Nouvel Art d'aimer.
Romances et Chansons. 4e édit.
Les Feuilles mortes. 9e édit.
Chants de la Jeunesse.
Hymnes et Chants religieux.
Les Eaux de Bagnoles. 3e édit.
La Chasse aux maris.
Octavie de Valdorne.
Premier Roman d'une jeune
  femme 3e édit.
Larmes de bonheur. 7e édit.

RECUEIL COMPLET

DE TOUS LES GENRES DE POÉSIES FRANÇAISES

Édition princeps.

Un vol. in-18 elzevir : 5 francs

TRADUCTIONS

Anacréon, sa vie et ses œuvres.
Hymnes et Chants nationaux
Un Duel à mort.
Ce que la forêt se raconte.

Le Brigand Gentilhomme.
Le Grand Monde russe.
Nouvelles du comte Solloghoub
La Protégée.

Paris. — Imprimerie Alcan-Lévy, 61, rue de Lafayette